¿Hipopótamo o rinoceronte?

Un libro de comparaciones y contrastes

por Samantha Collison

Los hipopótamos y rinocerontes son ambos mamíferos, al igual que nosotros.

Hay dos especies de hipopótamos: el común (o de río) y el hipopótamo pigmeo.

Hipopótamo común

Hipopótamo pigmeo

Hay cinco especies de rinocerontes. Los rinocerontes blancos y negros son nativos de África. Los rinocerontes indios, de Java y de Sumatra son nativos del sur de Asia.

Rinoceronte blanco

Rinoceronte negro

Rinoceronte indio

Rinoceronte de Java

Rinoceronte de Sumatra

Los hipopótamos pasan la mayor parte de su tiempo dentro o cerca de lagos, estanques, pantanos o ríos. Algunas veces se les llama "caballos de río".

¡Los hipopótamos no pueden nadar, por lo que galopan o rebotan a lo largo del fondo del agua!

Los rinocerontes en África pasan la mayoría de su tiempo en los pastizales. Los rinocerontes de Asia pasan la mayor parte de su tiempo en pantanos y selvas.

Debido a que pasan tanto tiempo en el agua, los hipopótamos tienen partes del cuerpo (adaptaciones) que les ayudan en el agua.

Tienen membranas transparentes para proteger sus ojos abiertos bajo el agua, tal y como nosotros podemos usar gafas especiales para ver bajo el agua.

¡Pueden cerrar sus fosas nasales y aguantar la respiración por más de cinco minutos!

Sus ojos y orejas están en la parte alta de su cabeza, por lo que pueden ver sobre la superficie del agua incluso cuando están dentro del agua.

Los rinocerontes negros usan sus labios superiores para agarrar y sostener cosas (prensil), al igual que nosotros usamos nuestros dedos.

Rinoceronte negro

Todos los rinocerontes tienen uno o dos cuernos hechos de queratina, como nuestras uñas y cabello. Los cuernos les vuelven a crecer si se caen o se rompen. Usan sus cuernos para cavar en busca de alimentos, quebrar ramas o defenderse.

Las tres especies de rinocerontes asiáticos tienen colmillos y usan estos incisivos (dientes) grandes para luchar, ya que sus cuernos no son tan grandes como los de sus parientes africanos.

Rinoceronte indio

Los hipopótamos sudan una mucosidad roja que mantiene húmeda su piel. La mucosidad también funciona como protector solar natural para su piel.

Los rinocerontes se remojan en barro
o ruedan sobre polvo para proteger su
piel en contra de quemaduras solares y
picaduras de insectos.

Como todos los mamíferos, tanto los hipopótamos como los rinocerontes tienen algo de pelo o pelaje. Los hipopótamos tienen bigotes rígidos en sus labios superiores y pelo enredado alrededor de sus orejas y colas.

Los rinocerontes tienen pelo
alrededor de sus orejas y colas.

Los hipopótamos y rinocerontes comen plantas. Son herbívoros.

Los hipopótamos comen hierbas cortas que están cerca del agua y frutas que han caído al suelo. Pasan la mayor parte de sus días revolcándose en aguas poco profundas. Pueden pasar hasta seis horas al día pastando cerca del agua.

Los dientes de los hipopótamos crecen continuamente. Sus incisivos (colmillos) pueden medir hasta 20 pulgadas (51 cm) y los usan para luchar en contra de otros hipopótamos y para espantar a enemigos.

Dependiendo de las especies, los rinocerontes comen hierbas u hojas. Pasan la mayor parte del tiempo comiendo, pero descansan durante el momento más caluroso del día. ¡Pueden almacenar suficiente pasto para dos días en sus estómagos y pasar hasta dos semanas sin comer!

Sus muelas son muy buenas para triturar vegetación.

Una manada de hipopótamos puede estar compuesta por 10 a 30 miembros, con un macho dominante.

Las manadas pequeñas de rinocerontes están compuestas principalmente por machos. Los machos dominantes pasan la mayor parte de su tiempo marcando sus territorios con excremento y orina. Las hembras no tienen territorios, pero se mueven a través de los territorios de los machos.

Los hipopótamos son vulnerables a la pérdida de su hábitat y a la caza de su marfil (incisivos grandes llamados colmillos). Los hipopótamos una vez fueron comunes en toda África, pero ahora se encuentran principalmente en el este de África.

Los rinocerontes están en peligro de extinción debido a la caza furtiva. Aunque no tienen propiedades curativas, los cuernos de rinocerontes han sido utilizados en medicina tradicional de Asia para tratar una variedad de enfermedades.

Los rinocerontes podían encontrarse antes en toda África y Asia. Dependiendo de las especies, ahora solo pueden encontrarse en Borneo y Sumatra, Namibia, Himalaya oriental y en la costa del este de África.

Los zoológicos y organizaciones conservacionistas alrededor del mundo están ayudando a estos animales.

Para las mentes creativas

Pensando con detenimiento

Los rinocerontes podían encontrarse antes en toda África y Asia. Dependiendo de las especies, ahora solo pueden encontrarse en Borneo y Sumatra, Namibia, Himalaya oriental y en la costa del este de África. ¿Puedes encontrar esos lugares en un mapa o globo terráqueo?

Si a los bebés de hipopótamos y rinocerontes se les llama "crías" y a los padres se les llama "toros", ¿cómo crees que se les llama a las madres? ¿Y por qué?

Los rinocerontes negros usan sus labios superiores para agarrar y sostener cosas (prensil), tal y como nosotros usamos los dedos. ¿Cuáles otros animales crees que usan esas partes prensiles del cuerpo para agarrar y sostener cosas?

Los hipopótamos y los rinocerontes son mamíferos, al igual que nosotros. ¿Puedes ver pelo o bigotes en alguna de las fotos? La mayoría de nosotros tenemos pelo en nuestras cabezas. ¿En qué otras partes del cuerpo tienes pelos? ¿Qué otras características comparten los mamíferos?

Observa de nuevo las fotos del libro e identifica cuántas fotos de hipopótamos hay en las que se les vea la mucosidad roja.

Las adaptaciones de los hipopótamos les permiten tener la mayor parte de sus cuerpos bajo el agua, con solo sus ojos y narices sobre el agua. ¿Puedes identificar otros animales que tengan adaptaciones similares?

¿Hipopótamo o rinoceronte?

1

2

3

4

5

6

Los hipopótamos pasan la mayor parte de su tiempo en el agua. Tienen párpados claros que les ayudan a ver bajo el agua.

Los ojos y orejas de los hipopótamos están sobre sus cabezas, para que así puedan ver cuando están dentro del agua.

Los hipopótamos tienen una mucosidad roja que les protege la piel en contra de quemaduras solares. Los rinocerontes negros usan sus labios superiores para agarrar y sostener cosas.

Dependiendo de la especie, los rinocerontes pasan la mayor parte de su tiempo en pastizales, pantanos o selvas.

Los rinocerontes tienen uno o dos cuernos.

Respuestas: Hipopótamos: 2, 4, 6. Rinocerontes: 1, 3, 5.

¿Verdadero o falso?

Apoyándote en la lectura anterior, determina si estas afirmaciones son verdaderas o falsas.

1 Los hipopótamos y rinocerontes solo viven en África.	**2** Los hipopótamos y rinocerontes son mamíferos, por lo que tienen algo de pelo en partes de sus cuerpos.
3 Los hipopótamos pasan la mayor parte de su tiempo en el agua, y los rinocerontes pasan la mayor parte de su tiempo sobre tierra.	**4** ¡Los hipopótamos pueden aguantar la respiración bajo el agua hasta 5 minutos!
5 Todos los rinocerontes usan sus labios superiores para agarrar y sostener cosas (prensil)	**6** Todos los rinocerontes tienen uno o dos cuernos que usan para cavar en busca de alimentos o para protegerse.
7 Los rinocerontes sudan una mucosidad roja que actúa como protector solar natural en contra de las quemaduras de sol.	**8** Los hipopótamos y rinocerontes comen peces y mamíferos pequeños.

Respuestas: 1: Falso – Los rinocerontes también viven en Asia. 2: Verdadero. 3: Verdadero. 4: Verdadero. 5: Falso – Solo los rinocerontes negros tienen adaptaciones. 6: Verdadero. 7: Falso – Los hipopótamos sí, pero los rinocerontes no. 8: Falso – Ambos solo comen pasto.

Datos divertidos

Nadar: Los hipopótamos pasan la mayor parte de su tiempo en el agua, pero no pueden nadar – estos galopan o rebotan a lo largo del fondo del río. Los rinocerontes pasan la mayor parte de su tiempo sobre tierra, pero son buenos nadadores.

Ayudando a su ecosistema: Luego de comer un montón de pasto, los hipopótamos regresan al agua para hacer caca. Muchos peces y plancton dependen de la caca de los hipopótamos para alimentarse. Muchos animales terrestres pequeños también dependen de la caca de los rinocerontes para alimentarse. La caca de los rinocerontes también ayuda a esparcir semillas.

Correr: Los hipopótamos pueden correr hasta a 14 mph sobre tierra, y los rinocerontes pueden correr hasta a 40 mph. *¿Qué tan rápido puedes correr tú?*

Alimentación: Los hipopótamos pueden almacenar pasto suficiente para dos días en sus estómagos, y pueden pasar hasta dos semanas sin comer.

Bebés: Las madres hipopótamas dan a luz a una sola cría que puede pesar entre 50 a 110 libras (23 a 50 kg). Las crías se amamantan alrededor de 8 meses, e incluso pueden amamantarse bajo el agua. Las madres de rinoceronte generalmente dan a luz a una cría, pero algunas veces tienen dos. Las crías pesan entre 88 a 140 libras (40 a 63 kg).

¿Relacionados con...? ¡Los parientes más cercanos de los hipopótamos son los cerdos, ballenas y delfines! Los parientes más cercanos de los rinocerontes son los tapires, caballos y cebras.

Tamaño: Los hipopótamos y rinocerontes blancos tienen ambos unos seis pies de altura (1,8 metros) hasta sus hombros. Un rinoceronte de Sumatra solo tiene 4,8 pies (145 centímetros). ¿Qué tan alto eres tú?

Visión: Los rinocerontes tienen mala visión y a veces chocan con rocas o árboles.

Este libro está dedicado a mis dos sobrinas curiosas, Norah y Charlotte, ¡las fanáticas de los hipopótamos número uno del mundo! —SC.

Gracias a Jay Ballard, Supervisor del Servicio de los Visitantes y parte de los Servicios de Voluntarios de la San Diego Zoo Wildlife Alliance, por verificar la información presente en este libro.

Todas las fotografías son licenciadas mediante Adobe Stock Photos o Shutterstock.

Library of Congress Cataloging-in-Publication Data

Names: Collison, Samantha, 1983- author. | De la Torre, Alejandra, translator.
Title: ¿Hipopótamo o rinoceronte? : un libro de comparaciones y contrastes / por Samantha Collison ; traducido por Alejandra de la Torre con Javier Camacho Miranda.
Other titles: Hippo or rhino? Spanish.
Description: Mt. Pleasant, SC : Arbordale Publishing, LLC, [2023] | Includes bibliographical references.
Identifiers: LCCN 2022051350 (print) | LCCN 2022051351 (ebook) | ISBN 9781638172932 (paperback) | ISBN 9781638170105 | ISBN 9781638173052 (epub) | ISBN 9781638173014 (pdf)
Subjects: LCSH: Hippopotamidae--Juvenile literature. | Rhinoceroses--Juvenile literature.
Classification: LCC QL737.U57 C6718 2023 (print) | LCC QL737.U57 (ebook) | DDC 599.63/5--dc23/eng/20221026

English title: *Hippo or Rhino? A Compare and Contrast Book*
English paperback ISBN: 9781643519913
English ePub ISBN: 9781638170488
English PDF ebook ISBN: 9781638170297
Dual-language read-along available online at www.fathomreads.com

Spanish Lexile® Level: 900L

Bibliography

"Asian Rhinos." Wwf.panda.org, wwf.panda.org/discover/knowledge_hub/endangered_species/rhinoceros/asian_rhinos/.
"Hippo | San Diego Zoo Animals & Plants." Sandiegozoo.org, 2009, animals.sandiegozoo.org/animals/hippo.
"Hippopotamus | Nature | PBS." Nature, www.pbs.org/wnet/nature/group/mammals/hippopotamus-mammals/.

Elaborado en los EEUU
Este producto se ajusta al CPSIA 2008

Arbordale Publishing
Mt. Pleasant, SC 29464
www.ArbordalePublishing.com